J. C. E. Grand Avignon

Romain Lecocq

LES DESSOUS D'Avignon

Éditions du Signe

© Franck Schneider

Éditeur :

Éditions du Signe
1, rue Alfred Kastler
BP 10094 Eckbolsheim
67038 Strasbourg Cedex
Tél. : 03 88 78 91 91 - Fax : 03 88 78 91 99
www.editionsdusigne.fr
E-mail : info@editionsdusigne.fr

Un projet de la **J. C. E. Grand Avignon**
en collaboration avec **Romain Lecocq**

Dessins et couleurs : **Romain Lecocq**

ISBN : 978-2-7468-3265-7
Dépôt légal 2e trimestre 2015

Imprimé en U.E.

AVIGNON, QUEL JOLI NOM... TU EN CONNAIS LES ORIGINES ?
C'EST ASSEZ DIFFICILE... DISONS QU'IL Y A PLUSIEURS VERSIONS.
ET COMMENT FAIT-ON ?
POUR COMPRENDRE L'HISTOIRE, IL FAUT ANALYSER LES FAITS.
TU VEUX DIRE QU'ON NE PEUT PAS VRAIMENT SAVOIR COMMENT CELA S'EST PASSÉ ?
JOSEPH... C'ÉTAIT IL Y A 3000 ANS !
KLOP
KLOG
ET DONC ?
ET BIEN DONC, VOICI UNE VERSION...

MADEMOISELLE, POURRIEZ-VOUS NOUS RAMENER DES GLAÇONS, S'IL VOUS PLAIT ?
J'ADORE CETTE VILLE !
MAMAN, QUAND EST-CE QUE L'ON ARRIVE ?

J'AI MAL AUX PIEDS MOI !
J'EN AI ASSEZ DE MARCHER...
NOÉMIE, TU DOIS FAIRE CONFIANCE À NOTRE CHEF.
JE SUIS SÛRE QU'IL SAIT OÙ NOUS ALLONS.
MAIS ON ÉTAIT BIEN OÙ ON ÉTAIT AVANT !
NOUS SOMMES PARTIS POUR TROUVER UNE TERRE PLUS FERTILE. JE TE L'AI DÉJÀ EXPLIQUÉ !
MAIS MOI J'AI MAL AUX PIEDS !
OUI ! MOI AUSSI, MAMAN !
VOUS N'AVEZ QU'À PENSER À AUTRE CHOSE...
REGARDEZ CE ROCHER, COMME IL EST BEAU !

ÊTES-VOUS SÛR DE NE POINT VOULOIR CONTOURNER CE ROCHER, MON SEIGNEUR ?
LE CONTOURNER ???
NE VOIS-TU PAS QUE CE ROCHER EST EXACTEMENT CE QUE NOUS CHERCHONS ?
FAIS DONC UNE HALTE ! JE VEUX ANNONCER À MON PEUPLE QUE NOUS AVONS ATTEINT NOTRE BUT.
POOOMTUUU
CHERS AMIS ! NOUS APPROCHONS DE LA FIN DE NOTRE VOYAGE.
CE ROCHER, DERRIÈRE MOI, CONSTITUERA UN EXCELLENT REFUGE POUR NOTRE VILLAGE
QUANT À CE FLEUVE MAJESTUEUX, IL IRRIGUERA NOS TERRES ET NOURRIRA NOS FAMILLES !

VOICI UNE NATURE QU'IL FAUDRA RESPECTER SI NOUS VOULONS QU'ELLE NOUS RESPECTE EN RETOUR.
AUSSI, JE PROPOSE DE BAPTISER CE LIEU : LA VILLE DU SEIGNEUR FLEUVE !
CRACK
CRRR
!
MON ROI ! TOUT VA BIEN ???
OUI OUI...
JE PENSE QUE LES DIEUX ONT PARLÉ... NOUS L'APPELLERONS LA VILLE DU VENT VIOLENT !
AVENIO !

OH OUI ! MAIS S'IL Y A UNE CHOSE QUE L'ON RETROUVE TOUT AU LONG DE L'HISTOIRE D'AVIGNON, C'EST CETTE ORIGINALITÉ QUI LUI EST PROPRE.
IL S'EN EST PASSÉ DU TEMPS DEPUIS...
QUE VEUX-TU DIRE ?
LES AVIGNONNAIS ONT TOUJOURS FAIT PREUVE DE CRÉATIVITÉ.
ET C'EST POUR CELA QUE L'ON RETROUVE AU SEIN DE CE PETIT PÉRIMÈTRE AUTANT D'ŒUVRES ARTISTIQUES ET DE MONUMENTS HISTORIQUES UNIQUES AU MONDE.
COMME CE PONT PAR EXEMPLE ?
PARFAITEMENT ! D'AILLEURS SAIS-TU POURQUOI ON LE NOMME LE PONT SAINT-BÉNEZET ?
PARDON MESSIEURS, MERCI.
DE QUELLE PLANÈTE VIENT-IL CELUI-LÀ ?
JE N'EN SAIS RIEN...
MAIS RESTONS VIGILANTS... CETTE VILLE SEMBLE CACHER BIEN DES SECRETS.

TIENS ! JE NE RECONNAIS PAS LE PONT SAINT-BÉNEZET... ???
EFFECTIVEMENT... CELUI-CI, C'EST LE PONT DE LA RIVIÈRE KWAÏ !!
QU'EST-CE QU'IL SE PASSE ?
BOOOM !!!
MON DIEU !!
VITE ! AU CHATELET !
BONTÉ DIVINE ! QUE SE PASSE-T-IL ICI ??? ON SE CROIRAIT DANS UN ROMAN DE SCIENCE FICTION !
MAIS OUI !!! NOUS SOMMES DANS L'UNIVERS DE PIERRE BOULLE ! LE CÉLÈBRE AUTEUR DU PONT DE LA RIVIÈRE KWAÏ ET DE LA PLANÈTE DES SINGES.
C'EST LUI, LÀ BAS ?
OUI... IL ÉTAIT AVIGNONNAIS ! C'EST D'AILLEURS SÛREMENT DE LÀ QU'IL PUISA SON INSPIRATION...
QUE VEUX-TU DIRE ?
EH BIEN, QU'AVIGNON POSSÈDE, ELLE AUSSI, UN PONT DONT L'HISTOIRE POURRAIT FAIRE UN ROMAN.
ALLEZ VAS-Y ! RACONTE-MOI. JE SENS QUE TU EN MEURS D'ENVIE...

La légende raconte qu'un jeune berger connu sous le nom de petit Benoît reçu un beau jour la visite du divin lui demandant d'aller construire un pont en Avignon.
Afin de prouver sa bonne foi devant l'évêque, il porte à bout de bras un rocher de plusieurs tonnes jusqu'au fleuve...
Les innombrables dons faits à l'élu de Dieu firent sa renomée et permirent le financement des travaux.
Je te propose qu'on aille faire un tour à cette époque où seuls des bacs comme celui-ci permettaient la traversée du Rhône. Des passeurs faisaient payer un droit de passage et menaient qui le souhaitait sur l'autre rive.
C'est assez sympa finalement... Mais ça tangue un peu, non ?
Nous sommes en l'an 1177. Avignon affirme son indépendance face au royaume de France.
Bien sûr, le Palais des Papes n'existait pas encore...
Tu veux des croquants ? Je crois que j'ai trop mangé...
Non, merci...
La Cathédrale des Doms, symbole du pouvoir divin, vient d'être érigée au sommet du Rocher.
Pour contrer la montée du pouvoir royal, l'Eglise chrétienne doit trouver des solutions pour s'imposer sur le territoire français.
La ville est alors dirigée par les chevaliers et de riches citoyens sous l'autorité de l'Evêque.
Depuis son palais, celui-ci a tout pouvoir exécutif, administratif et judiciaire...

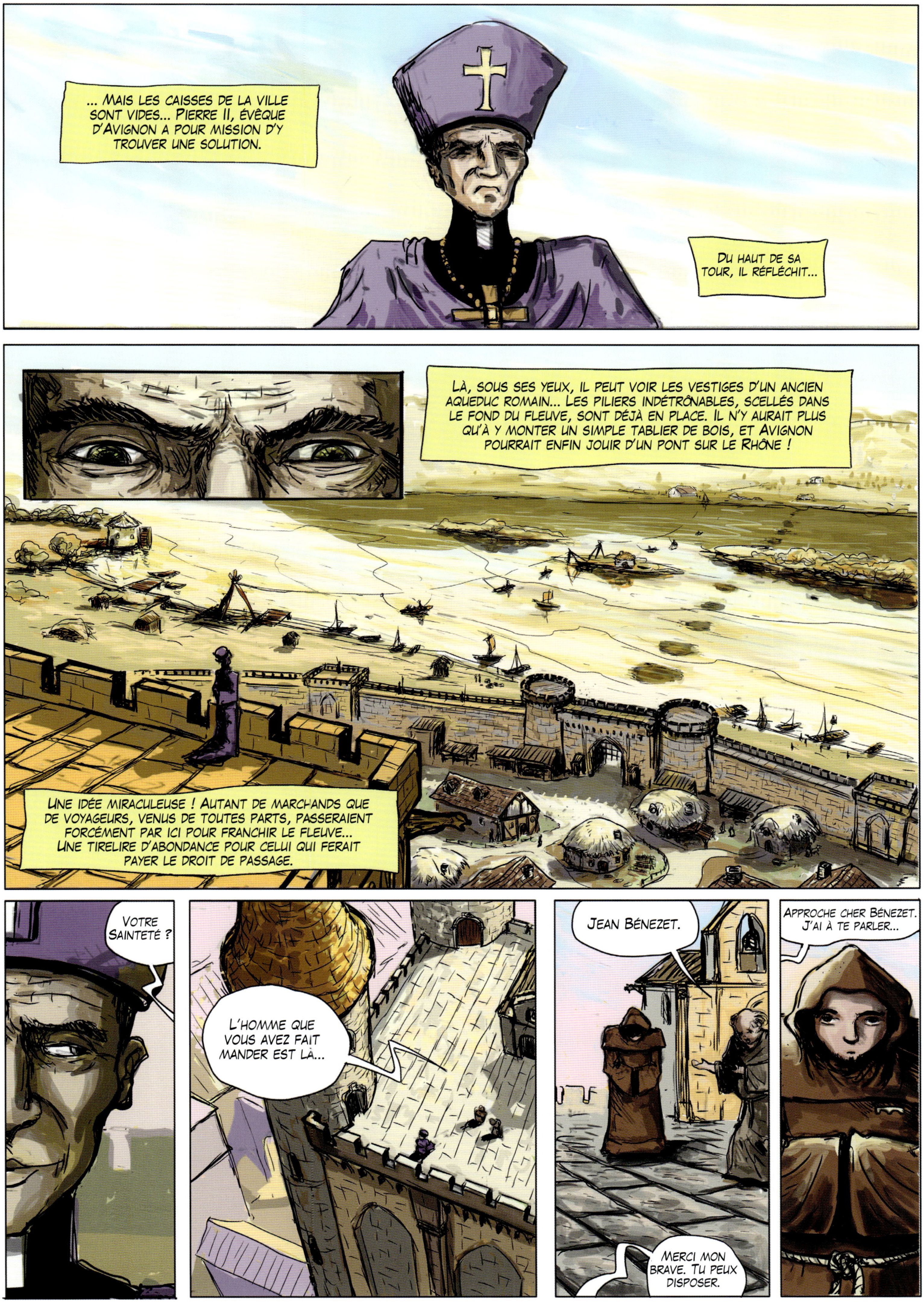
... Mais les caisses de la ville sont vides... Pierre II, évêque d'Avignon a pour mission d'y trouver une solution.
Du haut de sa tour, il réfléchit...
Là, sous ses yeux, il peut voir les vestiges d'un ancien aqueduc romain... Les piliers indétrônables, scellés dans le fond du fleuve, sont déjà en place. Il n'y aurait plus qu'à y monter un simple tablier de bois, et Avignon pourrait enfin jouir d'un pont sur le Rhône !
Une idée miraculeuse ! Autant de marchands que de voyageurs, venus de toutes parts, passeraient forcément par ici pour franchir le fleuve... Une tirelire d'abondance pour celui qui ferait payer le droit de passage.
Votre Sainteté ?
L'homme que vous avez fait mander est là...
Jean Bénezet.
Merci mon brave. Tu peux disposer.
Approche cher Bénezet. J'ai à te parler...

Mes très chers frères, mes très chères sœurs, chers citoyens d'Avignon...
Un homme élu de Dieu est venu à moi ce matin.
Descendu de sa montagne où il faisait paître les brebis de sa mère, cet humble berger, aux allures angevines, a reçu la visite de notre Seigneur Jésus Christ.
Notre Créateur lui a alors ordonné de rejoindre Avignon et d'y construire un pont, par-dessus le Rhône !
Cet homme, Mesdames, Messieurs, ce saint élève de la chrétienté nommé Bénezet, m'a rapporté le message afin de mener à bien sa mission.
Allons-nous laisser le Seigneur regretter d'avoir compté sur nous pour exécuter sa requête ? Bien sûr que non !! Je lis déjà sur vos visages ... !
Offrons-lui un pont à la gloire de notre pénitence !
... Et honorons la construction de cet édifice miraculeux par des dons généreux et notre laborieuse contribution à l'œuvre de ce pont...

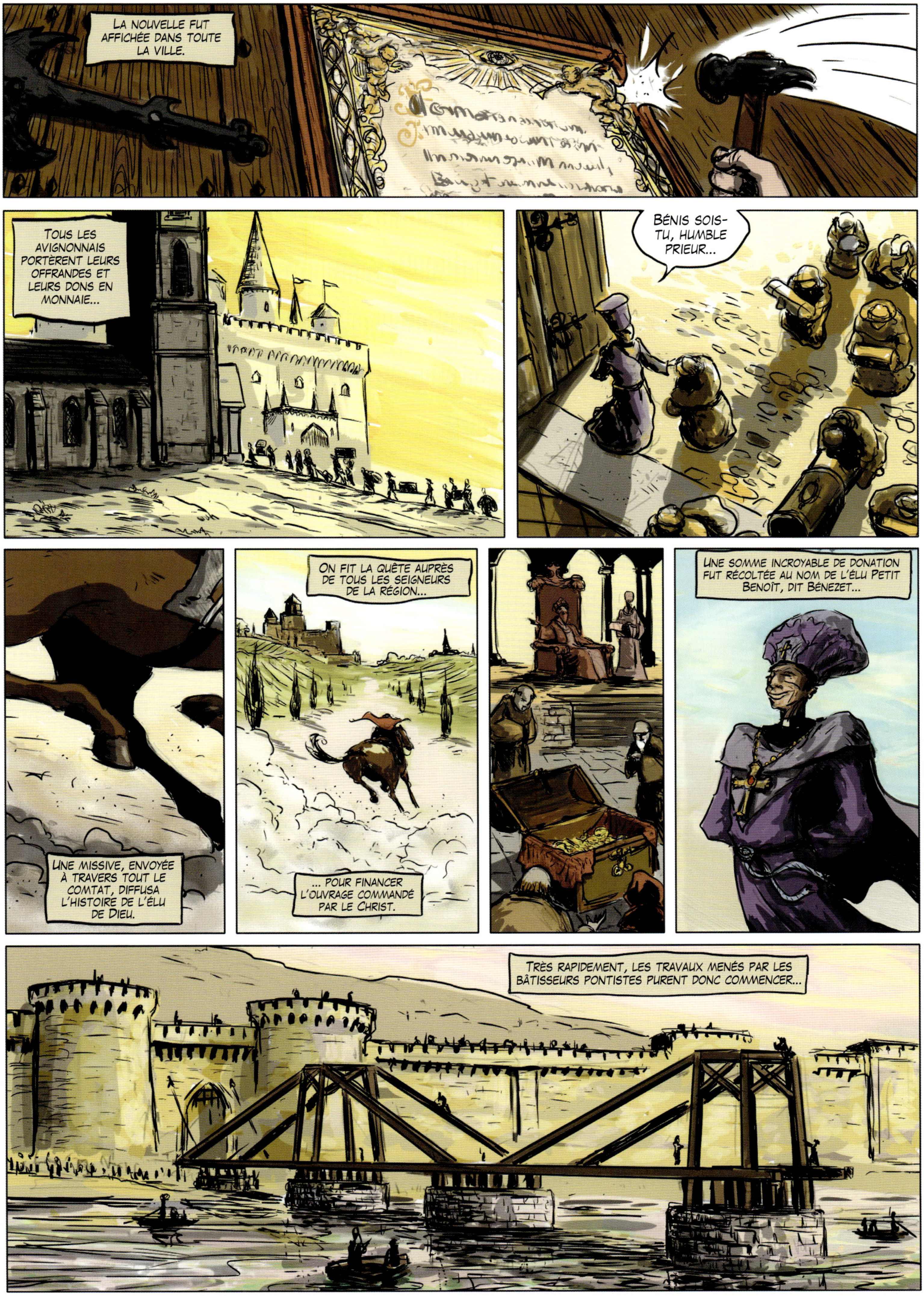
LA NOUVELLE FUT AFFICHÉE DANS TOUTE LA VILLE.
TOUS LES AVIGNONNAIS PORTÈRENT LEURS OFFRANDES ET LEURS DONS EN MONNAIE...
BÉNIS SOIS-TU, HUMBLE PRIEUR...
UNE MISSIVE, ENVOYÉE À TRAVERS TOUT LE COMTAT, DIFFUSA L'HISTOIRE DE L'ÉLU DE DIEU.
ON FIT LA QUÊTE AUPRÈS DE TOUS LES SEIGNEURS DE LA RÉGION...
... POUR FINANCER L'OUVRAGE COMMANDÉ PAR LE CHRIST.
UNE SOMME INCROYABLE DE DONATION FUT RÉCOLTÉE AU NOM DE L'ÉLU PETIT BENOÎT, DIT BÉNEZET...
TRÈS RAPIDEMENT, LES TRAVAUX MENÉS PAR LES BÂTISSEURS PONTISTES PURENT DONC COMMENCER...

Hé ! Bén'zet ! Des tas de gens racontent que tu as vu le Christ !?! Et que tu soulèves des roches de plusieurs tonnes à bout de bras !?!
Ils disent que tu peux accomplir des miracles !
Tu entends cela mon frère ? Ils te prennent pour un élu de Dieu !
C'est peut-être bien ce que nous sommes ? Après tout, nous œuvrons au nom de notre seigneur, n'est-ce pas ?
D'ailleurs, pourrions-nous nous vanter d'autre chose ? Que nous le voulions ou non, nous sommes les serviteurs de sa volonté divine.
Plus de 800 hommes, chaque jour...
... Réunis dans ce paysage grandiose...
... Pour nous permettre de concevoir ce monument digne de Dieu...
Puisqu'il nous a demandé un jour de construire un pont en Avignon.
22 piles de pierre, surmontées d'un tablier en bois long de plus de 900 mètres, faisaient de ce projet une œuvre colossale digne d'un élu de Dieu.

TON PONT AVANCE BIEN BÉNEZET...
OUI... !
ET VOS COFFRES SE REMPLISSENT !
CERTES...
MAIS PEUT-ÊTRE SOUHAITERAIS-TU EN PROFITER TOI AUSSI... ? JE PEUX TE FAIRE UNE DONATION POUR TES SERVICES ENVERS CETTE CITÉ...
JE N'AI QUE FAIRE DE VOTRE OR. NOUS NE TRAVAILLONS PAS POUR CELA.
NAVRÉ QUE MA GÉNÉROSITÉ T'INDIFFÈRE...
PIRE QUE CELA : ELLE ME RÉVULSE !
NOTRE CONFRÉRIE OEUVRE AU NOM DE LA VOLONTÉ DE DIEU NOTRE PÈRE... JE ME VERRAI HONTEUX DE TIRER QUELCONQUE PROFIT DE MES PRIÈRES !!
AUSSI, J'ESPÈRE AU FOND DE MOI QUE VOUS NE CHERCHEREZ PAS À Y IMPOSER UN DROIT DE PASSAGE...
CE PONT A SUSCITÉ SUFFISAMMENT D'OFFRANDES DE LA PART DES GENS D'AVIGNON POUR EN PERMETTRE LA CONSTRUCTION... CE PONT LEUR APPARTIENT !
... JE VOUS EN FAIS LE SERMENT DEVANT DIEU, S'IL DEVAIT LEUR EN COÛTER UN DENIER DE PLUS POUR POUVOIR LE FRANCHIR, JE M'EMPRESSERAIS D'ALLER RÉVÉLER EN PLACE PUBLIQUE TOUS LES MENSONGES QUE VOUS RÉPANDEZ AU NOM DE MA PERSONNE... DANS LE BUT DE RENFLOUER VOTRE TRÉSORERIE !

EN 8 ANNÉES SEULEMENT, LES TRAVAILLEURS PONTISTES RALLIENT LES DEUX BERGES DU RHÔNE. UNE PROUESSE POUR L'ÉPOQUE !
MAIS UN TRISTE MATIN DE L'AN 1184, ALORS QUE LES TRAVAUX DU PONT TOUCHENT À LEUR FIN...
LE JEUNE BÉNEZET MEURT D'UNE CAUSE RESTÉE INEXPLIQUÉE...
CONSIDÉRÉ COMME UN MESSAGER DU CHRIST, BÉNEZET SERA CANONISÉ, MAIS SON NOM NE FIGURERA SUR AUCUNE LISTE DE SAINTS...
UNE CHAPELLE ÉDIFIÉE EN SA MÉMOIRE FUT BÂTIE À MÊME LE PONT, ET ATTIRA PENDANT DES SIÈCLES D'INNOMBRABLES DONS EN HOMMAGE À CE PRODIGIEUX CONSTRUCTEUR.
MALGRÉ TOUT ON DEMANDA UN DROIT DE PASSAGE. LE PONT ET SON DROIT DE PASSAGE FIRENT RAPIDEMENT LA RICHESSE ET LA RENOMMÉE D'AVIGNON, TRANSFORMANT LA CITÉ EN UN IMPORTANT LIEU DE COMMERCE ET DE PÈLERINAGE.

TIENS, ÇA ME FAIT PENSER... D'OÙ VIENT CETTE FAMEUSE CHANSON "DANSONS SUR LE PONT D'AVIGNON" ?
ELLE FUT CHANTÉE AU COURS DU XVIIE SIÈCLE. DANS LES GUINGUETTES SITUÉES SOUS LE PONT.
ON NE DANSAIT DONC PAS SUR MAIS SOUS LE PONT D'AVIGNON.
UNE CHOSE QUI EST SÛRE, C'EST QU'ON Y DANSAIT PEUT-ÊTRE SAOUL...
ADMIRE PLUTÔT CES REMPARTS AU LIEU DE DIRE DES BÊTISES !
RHÔNE
RHÔNE
LE ROCHER DES DOMS
VOICI LA PREMIÈRE LIGNE CONSTRUITE LORS DU BAS EMPIRE ENTRE LE IVE ET LE VE SIÈCLE.
RHÔNE
PUIS À PARTIR DE L'AN 1000 UNE DOUBLE ENCEINTE ENCERCLE LA VILLE.
C'EST CONTRE CES MURS QUE VA SE HEURTER LOUIS VIII ROI DE FRANCE, LORSQU'IL LANCE SA CROISADE CONTRE LES HÉRÉTIQUES ALBIGEOIS...
ALORS QUE S'ACHÈVE UNE PAISIBLE JOURNÉE D'ÉTÉ UNE TERRIBLE BATAILLE SE PRÉPARE...

EN L'AN 1226...
LA CROISADE MENÉE PAR LOUIS VIII, ROI DE FRANCE AVAIT POUR OBJECTIF D'ÉLIMINER TOUS LES OPPOSANTS DE L'EGLISE CATHOLIQUE.
TOUS CES HOMMES BANNIS PAR LA JUSTICE CHRÉTIENNE FURENT MASSACRÉS D'AVIGNON JUSQU'À TOULOUSE EN PASSANT PAR CARCASSONNE.
CEPENDANT, LES REMPARTS PARVINRENT À PROTÉGER LES HABITANTS.
CET INGÉNIEUX MOYEN DE DÉFENSE FAISAIT D'AVIGNON UNE FORTERESSE IMPRENABLE.

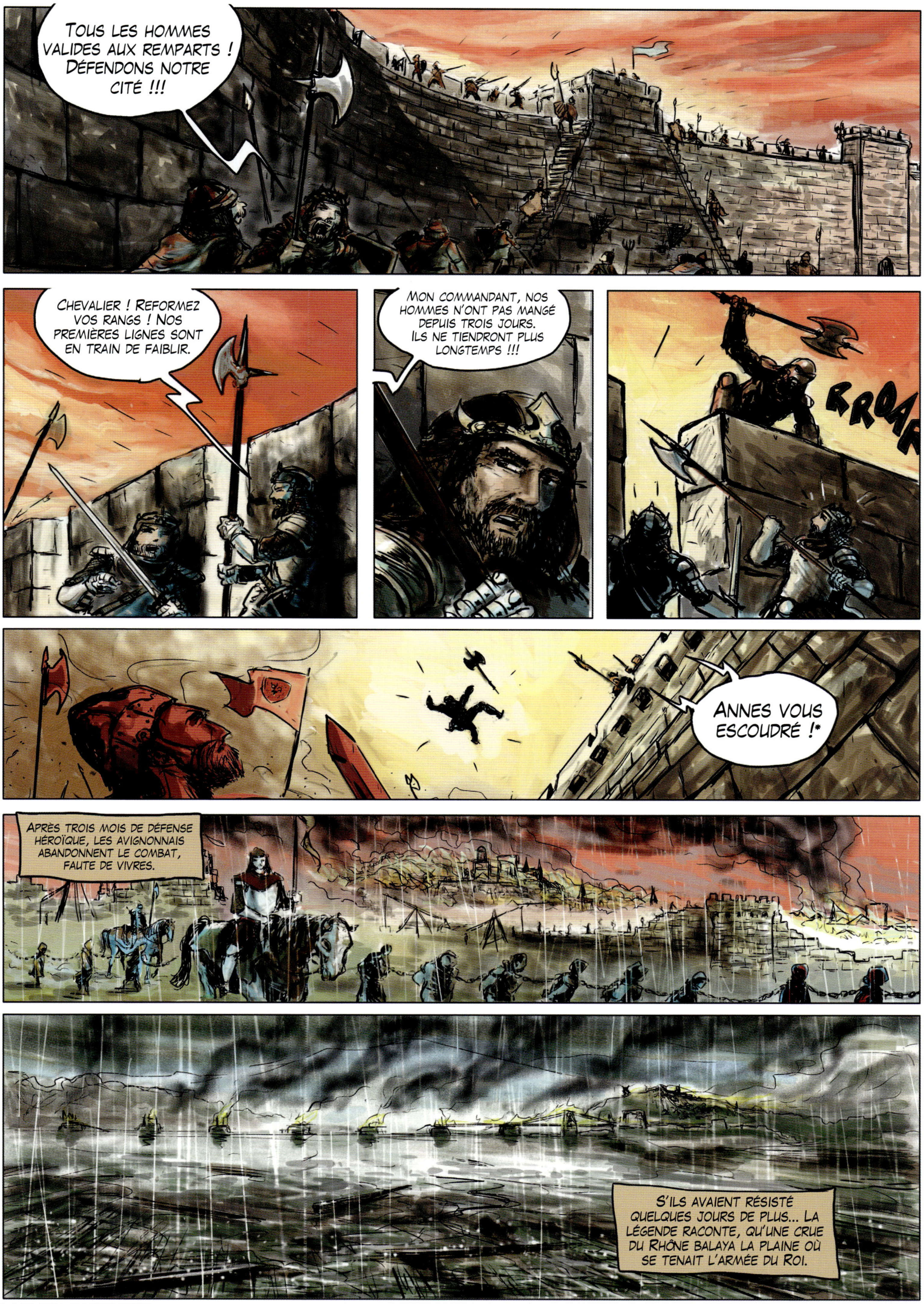

* Allez vous en ! en provençal.

Le pont fut reconstruit 75 ans plus tard et les remparts rebâtis et repoussés de 40 mètres.
Les travaux furent d'ailleurs financés par l'octroi, une taxe sur la vente du vin.
Cela laisse imaginer la consommation des Avignonnais...
Disons que c'est une belle région viticole...
Cependant, ce n'est pas la seule fois que les remparts d'Avignon furent mis à l'épreuve. Un ennemi plus puissant qu'une armée menace encore la tranquillité de la ville.
31 mai 1856.
Ça va déborder ! Tous à l'intérieur !
Mon bateau !

* Oh Mon Dieu !
** Mais que se passe t'il ?

Regardez ! Une pile du pont s'est encore effondrée !!
Qu'allons-nous devenir Antoine ? J'ai peur...
Et puis, tous ces gens qu'il faut accueillir chez nous... Croyez-vous qu'ils resteront longtemps ?
Citoyens ! Cessez toute panique !
Voyons Sylviane, calmez-vous... L'entraide est une noble pensée de nos jours.
Le seigneur fleuve est venu reprendre son dû ! Il punira ceux qui ont négligé sa force !!
Qu'est-ce qu'il raconte celui là ?
Encore un illuminé...
Faites face à la puissance de la nature !
Hey, vous là-bas ! Mettez vous en hauteur !!
Ne reste pas là grand-père !!!
Ce n'est pas un mur qui arrêtera les éléments...
Au 3e jour de pluie, la cité était totalement encerclée par le Rhône...

* Du nerf les gars ! ** Ferme-la !
*** Bande de bras cassés, ils ne savent rien faire !

* Merci collègue !

Rentrez chez vous ! Le Rhône est entré dans les remparts !!
Quoi ???
La porte du Gard a lâché ! L'eau s'engouffre, on ne peut plus l'arrêter !!
Faites circuler l'information ! Que tous les habitants se réfugient dans les étages !
Cavalier ! Faites suivre la missive ! Prévenez les tours Saint-Roch et Saint-Antoine... Qu'ils ouvrent les portes avant que cette ville ne se transforme en baignoire !!
Le Rhône ! Il arrive !
Comment ça, il arrive ?
Qu'est-ce que l'on fait mon capitaine ?
Mon Dieu !
Très rapidement, les rues d'Avignon sont innondées sous plusieurs mètres d'eau...
... plongeant la ville et ses habitants dans un cauchemar inattendu.
J'avais dit que ça allait déborder...
Tu ne veux pas te taire la prochaine fois !

* BANDE DE FOUS !!!

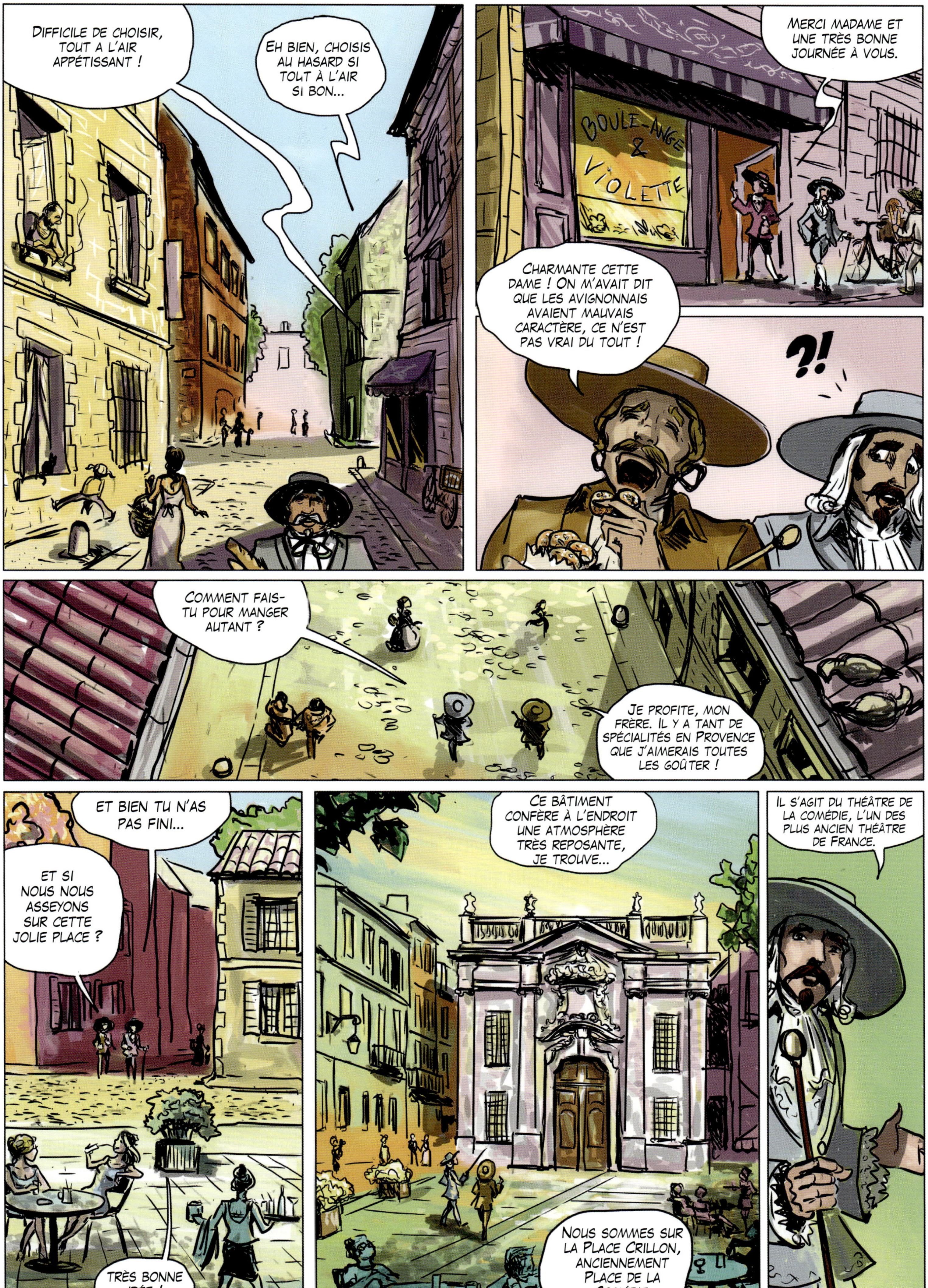
DIFFICILE DE CHOISIR, TOUT A L'AIR APPÉTISSANT !
EH BIEN, CHOISIS AU HASARD SI TOUT À L'AIR SI BON...
MERCI MADAME ET UNE TRÈS BONNE JOURNÉE À VOUS.
BOULE-ANGE & VIOLETTE
CHARMANTE CETTE DAME ! ON M'AVAIT DIT QUE LES AVIGNONNAIS AVAIENT MAUVAIS CARACTÈRE, CE N'EST PAS VRAI DU TOUT !
?!
COMMENT FAIS-TU POUR MANGER AUTANT ?
JE PROFITE, MON FRÈRE. IL Y A TANT DE SPÉCIALITÉS EN PROVENCE QUE J'AIMERAIS TOUTES LES GOÛTER !
ET BIEN TU N'AS PAS FINI...
ET SI NOUS NOUS ASSEYONS SUR CETTE JOLIE PLACE ?
TRÈS BONNE IDÉE !
CE BÂTIMENT CONFÈRE À L'ENDROIT UNE ATMOSPHÈRE TRÈS REPOSANTE, JE TROUVE...
NOUS SOMMES SUR LA PLACE CRILLON, ANCIENNEMENT PLACE DE LA COMÉDIE.
IL S'AGIT DU THÉÂTRE DE LA COMÉDIE, L'UN DES PLUS ANCIEN THÉÂTRE DE FRANCE.

Si le XXe siècle a su apporter au théâtre avignonnais sa notoriété, on ne peut oublier que de grands artistes sont présents en Avignon depuis l'Antiquité.
Le départ des romains laisse la ville sans activité théâtrale pendant plusieurs générations.
Il faut attendre le XIVe siècle pour voir apparaître les premières représentations en langue provençale au sein des églises avec l'accord du Pape Grégoire XI.
Des jeux et des processions de musiciens accompagnent les histoires contées par les pénitents et vont progressivement ramener la tradition dans les rues d'Avignon.
Ces mises en scènes ont lieu alors en intérieur, dans les chapelles... Le style évoluera lentement vers un théâtre plus académique.
Arrive enfin le XVIIe siècle... Avignon attire Molière et la comédie française. Les représentations se donnent dorénavant dans la salle du jeu de paume, plus spacieuse et mieux adaptée. C'est à cette occasion que le peintre avignonnais et propriétaire des lieux, Nicolas Mignard, peindra le célèbre comédien.

Des troupes d'acteurs, de troubadours, de saltimbanques et de jongleurs affluaient vers la ville depuis l'Italie, la France et l'Angleterre.
Au carrefour de ces différentes influences, la scène d'Avignon devenait petit à petit un lieu de référence.
Mais un matin de 1732, alors qu'ils sont sensés, comme à leur habitude, venir jouer intra-muros...
... les artistes de passage rencontreront une sérieuse déception.
Nous sommes désolés... La salle du jeu de paume s'est effondrée suite à un incendie.
Néanmoins, de grandes familles avignonnaises ont récolté des fonds pour faire construire un vrai théâtre en Avignon.

Le projet d'une salle spécifiquement réservée au théâtre réveilla l'engouement de toute la ville... Deux ans suffirent à l'architecte Thomas Lainée pour édifier ce qui deviendra l'un des plus beaux et plus renommé théâtre de France.
On reconnait bien le style à l'italienne, non ?
Le Vite y Colle
Oui, parfaitement. Et tu n'as pas vu l'intérieur !
Certains notables de la ville ont monté une société à actions pour financer les travaux. Ils voulaient que ce théâtre soit le plus beau et le plus prestigieux de son temps.
Grâce à la volonté farouche des Avignonais...
... la ville peut enfin jouir de son théâtre.

CETTE NOUVELLE SCÈNE AU CARREFOUR DES CULTURES PERMIS LA MISE EN RELATION DES ACTEURS DE LA COMÉDIE FRANÇAISE ET CEUX DE LA COMEDIA DEL ARTE. COMÉDIENS, DANSEURS, ACROBATES ET DÉCORATEURS PURENT AINSI METTRE EN COMMUN LEURS INFLUENCES ET FAIRE ÉVOLUER LE GENRE VERS LE THÉÂTRE MODERNE.
ILS POUVAIENT, ICI, PARTAGER LEUR PASSION ET DÉPLOYER LEURS ÉNERGIES QUI RAYONNAIENT AUTOUR D'AVIGNON !
L'AUDIENCE ÉTAIT TELLE QUE CERTAINES COMPAGNIES POUVAIENT JOUER DURANT SIX MOIS CONSÉCUTIFS ! DU JAMAIS VU À CETTE ÉPOQUE...

PENDANT 99 ANS, CES PLANCHES D'AVIGNON DEVINRENT UNE RÉFÉRENCE.
LES ARTISTES AVAIENT FAIT LEUR TRAVAIL.
DÉSORMAIS, LES AVIGNONNAIS NE POUVAIENT PLUS SE PASSER DE THÉÂTRE...
SI BIEN QU'EN 1824, LA COMÉDIE FERME SES PORTES POUR LAISSER PLACE À UN AUTRE THÉÂTRE SUR LA PLACE DE L'HORLOGE. EN 1947, LA VILLE OUVRE LA COUR D'HONNEUR DU PALAIS À LA TROUPE DE JEAN VILAR. C'EST LE DÉBUT DU PLUS GRAND FESTIVAL DE THÉÂTRE AU MONDE !

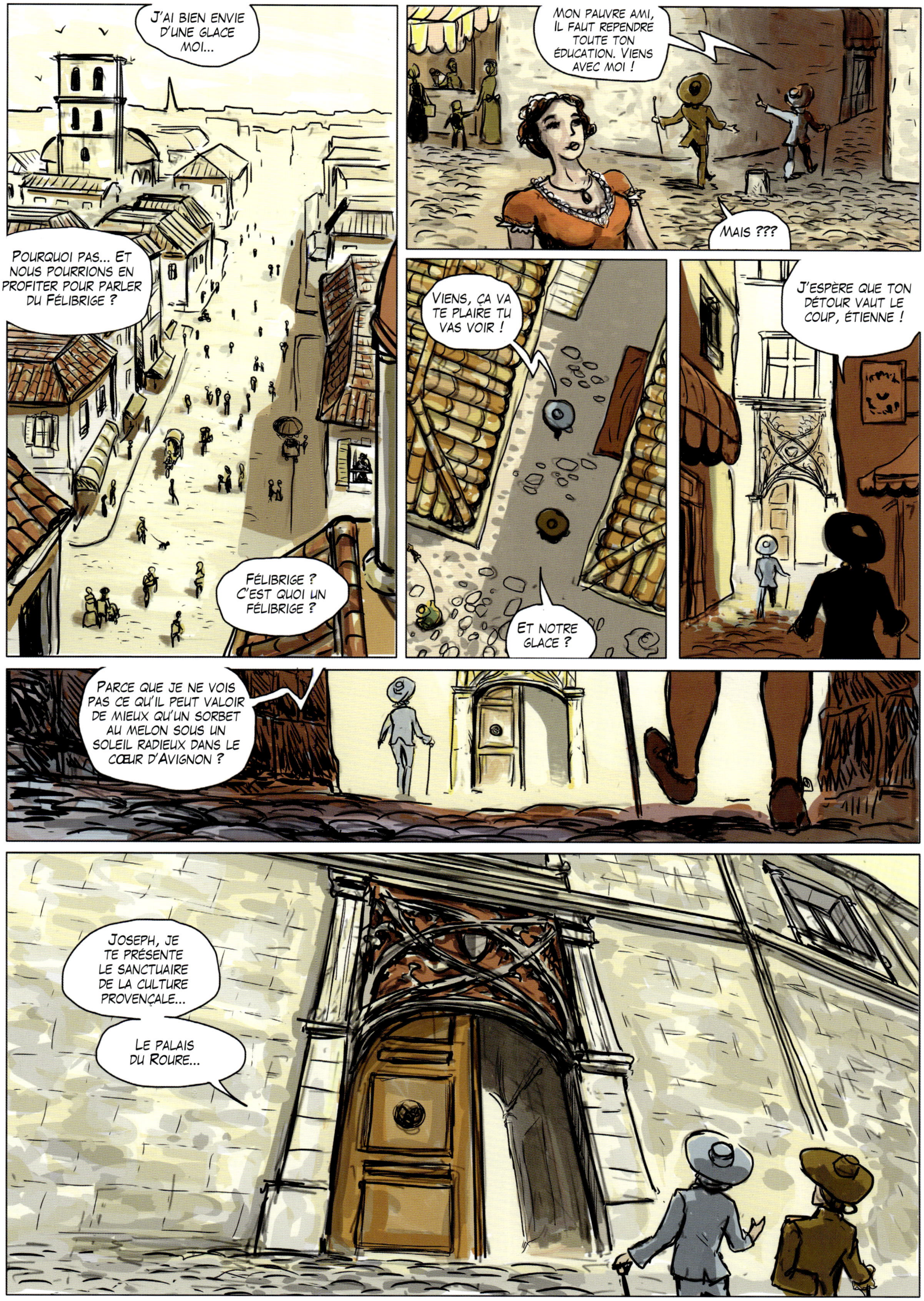
J'ai bien envie d'une glace moi...
Pourquoi pas... Et nous pourrions en profiter pour parler du Félibrige ?
Félibrige ? C'est quoi un félibrige ?
Mon pauvre ami, il faut rependre toute ton éducation. Viens avec moi !
Mais ???
Viens, ça va te plaire tu vas voir !
Et notre glace ?
J'espère que ton détour vaut le coup, Étienne !
Parce que je ne vois pas ce qu'il peut valoir de mieux qu'un sorbet au melon sous un soleil radieux dans le cœur d'Avignon ?
Joseph, je te présente le sanctuaire de la culture provençale...
Le palais du Roure...

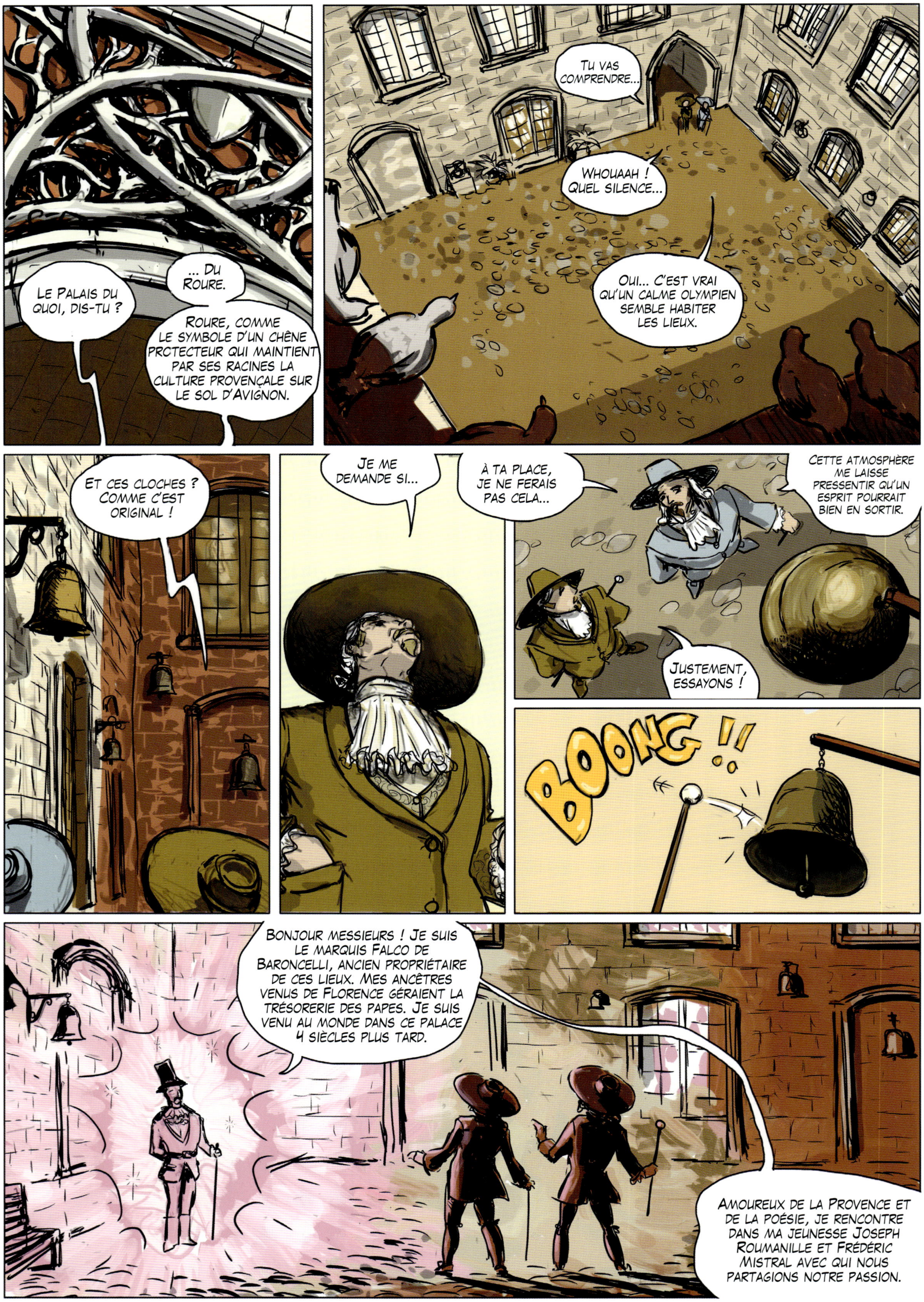
Le Palais du quoi, dis-tu ?
... Du Roure.
Roure, comme le symbole d'un chêne protecteur qui maintient par ses racines la culture provençale sur le sol d'Avignon.
Tu vas comprendre...
Whouaah ! Quel silence...
Oui... C'est vrai qu'un calme olympien semble habiter les lieux.
Et ces cloches ? Comme c'est original !
Je me demande si...
À ta place, je ne ferais pas cela...
Cette atmosphère me laisse pressentir qu'un esprit pourrait bien en sortir.
Justement, essayons !
BOONG !!
Bonjour messieurs ! Je suis le marquis Falco de Baroncelli, ancien propriétaire de ces lieux. Mes ancêtres venus de Florence géraient la trésorerie des papes. Je suis venu au monde dans ce palace 4 siècles plus tard.
Amoureux de la Provence et de la poésie, je rencontre dans ma jeunesse Joseph Roumanille et Frédéric Mistral avec qui nous partagions notre passion.

Poussé par mes convictions, je pars consacrer ma vie et ma fortune à la protection des jardins de notre région...
... la Camargue.
Je fonde en 1909 la Nation Guardian, véritable ordre de la chevalerie, protecteur de la tradition camarguaise.
En côtoyant le célèbre Buffalo Bill, je protège la race des taureaux en les rendant célèbres lors de spectacles en Avignon.
Un écologiste avant l'heure ce Baroncelli !
Essayons-en une autre.
PIIINNG

JE SUIS JEANNE DE FLANDREYSY, L'ABBESSE DU ROURE, COMME M'APPELAIENT LES AVIGNONNAIS.
JE FUS LA DERNIÈRE OCCUPANTE DU PALAIS, AVANT QUE JE NE LE LÈGUE À LA VILLE EN 1944.
MADAME...
ÉTIENNE !
LORSQUE JE RACHÈTE LE PALAIS DU ROURE À FALCO DE BARONCELLI, J'INVESTI ALORS TOUT MON HÉRITAGE DANS LA RESTAURATION DU PALAIS ET M'ENGAGE DANS UNE CROISADE POUR LA DÉFENSE DE LA CULTURE MÉDITERRANÉENNE.
PASSIONNÉE, JE COLLECTIONNE ET RESTAURE TOUT AU LONG DE MA VIE OUVRAGES ET OBJETS D'ART DÉDIÉS À LA PROVENCE.
JE NE PEUX VOUS CACHER QUE MON CHARME M'A VALU LE PLAISIR D'ÊTRE ENTOURÉE PAR LES PLUS GRANDS ARTISTES DE MON TEMPS. DONT LES MEMBRES DU FÉLIBRIGE.
C'EST GRÂCE À LA VOLONTÉ D'UNE FEMME EXCEPTIONNELLE QUE LE ROURE SE TRANSFORMA PROGRESSIVEMENT À UN FOYER D'ARTISTES RAYONNANTS.

* Organisation de défense et de promotion de la langue occitane

FRÉDÉRIC MISTRAL EST NÉ EN 1830 À MAILLANE AU CŒUR DE LA CAMPAGNE PROVENÇALE.
LA NATURE ET LE MONDE PAYSAN ÉTAIENT SES RÉFÉRENCES ET SON TERRAIN DE JEU.
PEU INTÉRESSÉ PAR LES PROGRAMMES SCOLAIRES, IL PRÉFÈRE COURIR LES CHAMPS ET FAIRE L'ÉCOLE BUISSONNIÈRE...
... SI BIEN QU'À L'ÂGE DE 11 ANS, SES PARENTS LE PLACÈRENT AU PENSIONNAT À AVIGNON...
IL GARDERA À JAMAIS EN LUI LA FRAÎCHEUR DES RIVIÈRES, LA COULEUR DES PRAIRIES, LES FLEURS AU GOÛT DE MIEL ET L'AMOUR DE SON PAYS.

Jusqu'à ses 17 ans, il étudie au collège royal d'Avignon, école qui plus tard portera son nom.
Il fit la connaissance de Joseph Roumanille, son futur compagnon d'écriture.
Mais alors qu'ils parlent de poésie, les deux jeunes amis vont voir leur pays transformé par la grande arrivée de l'industrie.
Les grands magasins prennent la place des petits et les grands hôtels se multiplient.
Pour un jeune provençal amoureux de la nature, un changement si radical avait comme un goût d'imposture.
Et si la folie de l'homme a souvent détruit, elle allait, ce coup-ci, réveiller de grands esprits.

A 18 ANS, FRÉDÉRIC MISTRAL REJOINT LA FACULTÉ D'AIX-EN-PROVENCE OÙ IL DÉCROCHE SA LICENCE DE DROIT.
C'EST ALORS, QU'IL VIT DE PLEIN FOUET LES NOUVELLES VENANT DE PARIS ! LA JEUNESSE ÉTUDIANTE FRANÇAISE MET LA CAPITALE À FEU ET À SANG ET POUSSE LE GOUVERNEMENT À PROCLAMER LA NOUVELLE RÉPUBLIQUE. LE MONDE PAYSAN S'INSURGE CONTRE LA MONTÉE DE L'INDUSTRIALISATION.
ABSORBÉ À CETTE ÉPOQUE PAR LE TRAVAIL DU POÈTE RÉVOLUTIONNAIRE, JOSEPH DE LAMARTINE, MISTRAL PREND CONSCIENCE DE SA VOCATION.
IL FERA RENAÎTRE LA LANGUE OCCITANE AFIN DE SAUVER DE L'OUBLI L'HISTOIRE DE SON PAYS... POUR EN PRÉSERVER LES VALEURS ET RENDRE LA VOGUE AU PROVENÇAL PAR LE SOUFFLE ET LA FLAMME DE LA DIVINE POÉSIE.
MISTRAL ET ROUMANILLE SE REJOIGNENT ET SE LANCENT ENSEMBLE DANS CETTE ÉPOPÉE LINGUISTIQUE QUI VA PERMETTRE AU RESTE DU MONDE DE POUVOIR REDÉCOUVRIR ET TRADUIRE LA LANGUE OCCITANE UTILISÉE PAR LES PLUS ANCIENS PEUPLES DE FRANCE.
PARCE QU'ILS AVAIENT PRIS CONSCIENCE DE LA FRAGILITÉ DES TRÉSORS DE PROVENCE, ILS ALLAIENT FAIRE DE LA CONNAISSANCE, UN BOUCLIER ET DU LANGAGE, UN FER DE LANCE.
ILS ONT 25 ANS, SORTENT DE LEURS ÉTUDES, TOUS POÈTES ET PASSIONNÉS... ET POUR RIEN AU MONDE, ILS NE VENDRONT LEUR LIBERTÉ.

Théodore Aubanel, né en 1829 à Avignon, co-fondateur du Félibrige avec...
Il était imprimeur.
... Jean Brunet, né à Avignon en 1822...
Véritable utopiste, il rêve et prône le paradis terrestre.
... Anselme Mathieu, né en 1828...
Elève de Roumanille, il est réputé pour son sens exquis de la poésie.
... Paul Giera, né à Avignon en 1816...
Fin poète il est aussi le principal mécène du Félibrige.
... Alphonse Tavan, né en 1833...
Paysan de métier, il parle de sa terre avec la voix du cœur...
... Joseph Roumanille, né en 1818, enseignant au collège Dupuy d'Avignon puis libraire : sa librairie deviendra le foyer de la culture provençale...
... et Frédéric Mistral, le maître à penser du Félibrige, est de loin le plus célèbre. Son œuvre Mirèio sera d'ailleurs récompensée par le prix Nobel de littérature en 1904.
Le travail des félibres sauva de l'oubli la culture et le savoir-faire de Provence. Intégralement rédigé par Mistral, "Lou Trésor dou Félibrige" constitue encore aujourd'hui le dictionnaire le plus complet de la langue provençale.

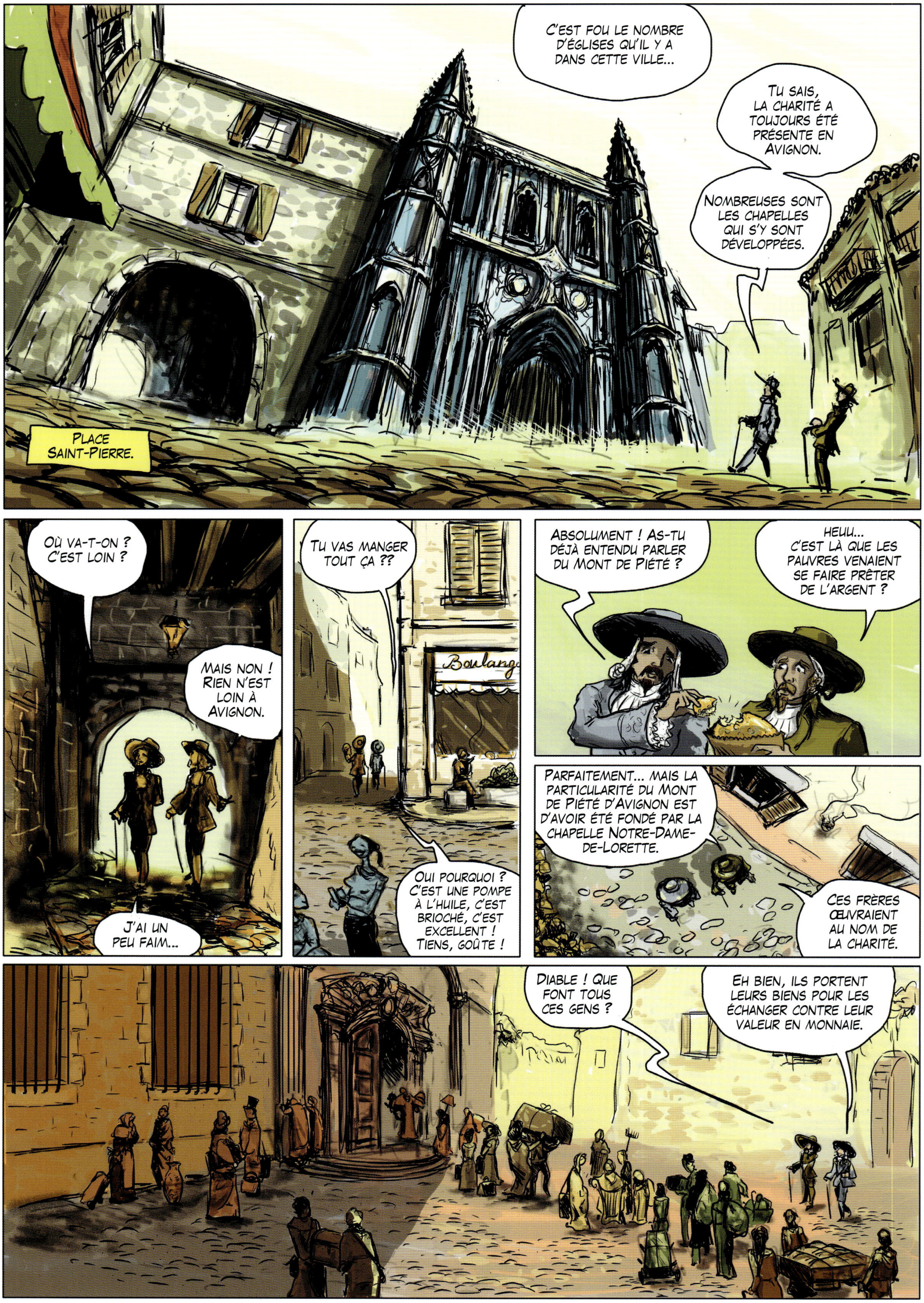
C'EST FOU LE NOMBRE D'ÉGLISES QU'IL Y A DANS CETTE VILLE...
TU SAIS, LA CHARITÉ A TOUJOURS ÉTÉ PRÉSENTE EN AVIGNON.
NOMBREUSES SONT LES CHAPELLES QUI S'Y SONT DÉVELOPPÉES.
PLACE SAINT-PIERRE.
OÙ VA-T-ON ? C'EST LOIN ?
MAIS NON ! RIEN N'EST LOIN À AVIGNON.
J'AI UN PEU FAIM...
TU VAS MANGER TOUT ÇA ??
Boulang
OUI POURQUOI ? C'EST UNE POMPE À L'HUILE, C'EST BRIOCHÉ, C'EST EXCELLENT ! TIENS, GOÛTE !
ABSOLUMENT ! AS-TU DÉJÀ ENTENDU PARLER DU MONT DE PIÉTÉ ?
HEUU... C'EST LÀ QUE LES PAUVRES VENAIENT SE FAIRE PRÊTER DE L'ARGENT ?
PARFAITEMENT... MAIS LA PARTICULARITÉ DU MONT DE PIÉTÉ D'AVIGNON EST D'AVOIR ÉTÉ FONDÉ PAR LA CHAPELLE NOTRE-DAME-DE-LORETTE.
CES FRÈRES ŒUVRAIENT AU NOM DE LA CHARITÉ.
DIABLE ! QUE FONT TOUS CES GENS ?
EH BIEN, ILS PORTENT LEURS BIENS POUR LES ÉCHANGER CONTRE LEUR VALEUR EN MONNAIE.

Nous sommes en 1610... Les guerres de religion ont vidées les caisses du Palais. La plupart des avignonnais subissent alors la pression pour payer leurs impôts.
Holà ! Forgeron Decaresme !!
Tes épées s'entassent à ce que je vois... Qu'attends-tu pour les vendre ? Elles pourraient te permettre d'honorer les impôts de ton seigneur !
Il ne me semble pas vous avoir dit d'entrer !?
PWING !
Je n'ai pas besoin de ton approbation pour cela ! Tu dois la somme de 8 écus à ton seigneur... Peux-tu payer ?
Je n'ai point d'argent à te fournir, Pecheux... Laissez-moi travailler !
Balivernes ! Je suis sûr que tu gardes tes deniers cachés quelque part...
A moins que tu ne sois assez bête pour les avoir fait fondre...
HA HA HA HA HAA HAA HA
Allez Decaresme ! Dis-nous où ta femme cache ses économies...
... Avant que j'aille me servir moi-même !

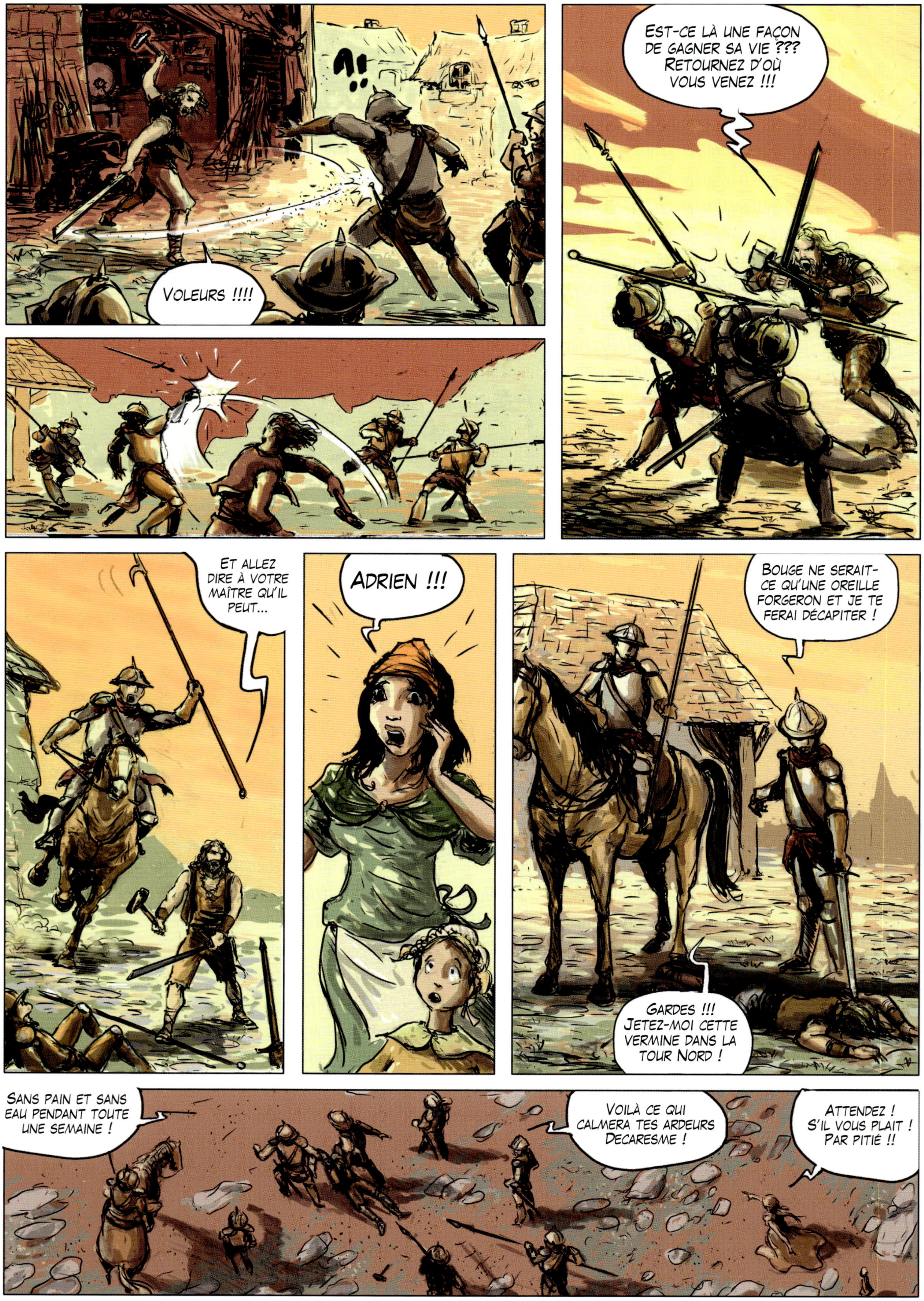
!!
VOLEURS !!!!
EST-CE LÀ UNE FAÇON DE GAGNER SA VIE ??? RETOURNEZ D'OÙ VOUS VENEZ !!!
ET ALLEZ DIRE À VOTRE MAÎTRE QU'IL PEUT...
ADRIEN !!!
BOUGE NE SERAIT-CE QU'UNE OREILLE FORGERON ET JE TE FERAI DÉCAPITER !
GARDES !!! JETEZ-MOI CETTE VERMINE DANS LA TOUR NORD !
SANS PAIN ET SANS EAU PENDANT TOUTE UNE SEMAINE !
VOILÀ CE QUI CALMERA TES ARDEURS DECARESME !
ATTENDEZ ! S'IL VOUS PLAIT ! PAR PITIÉ !!

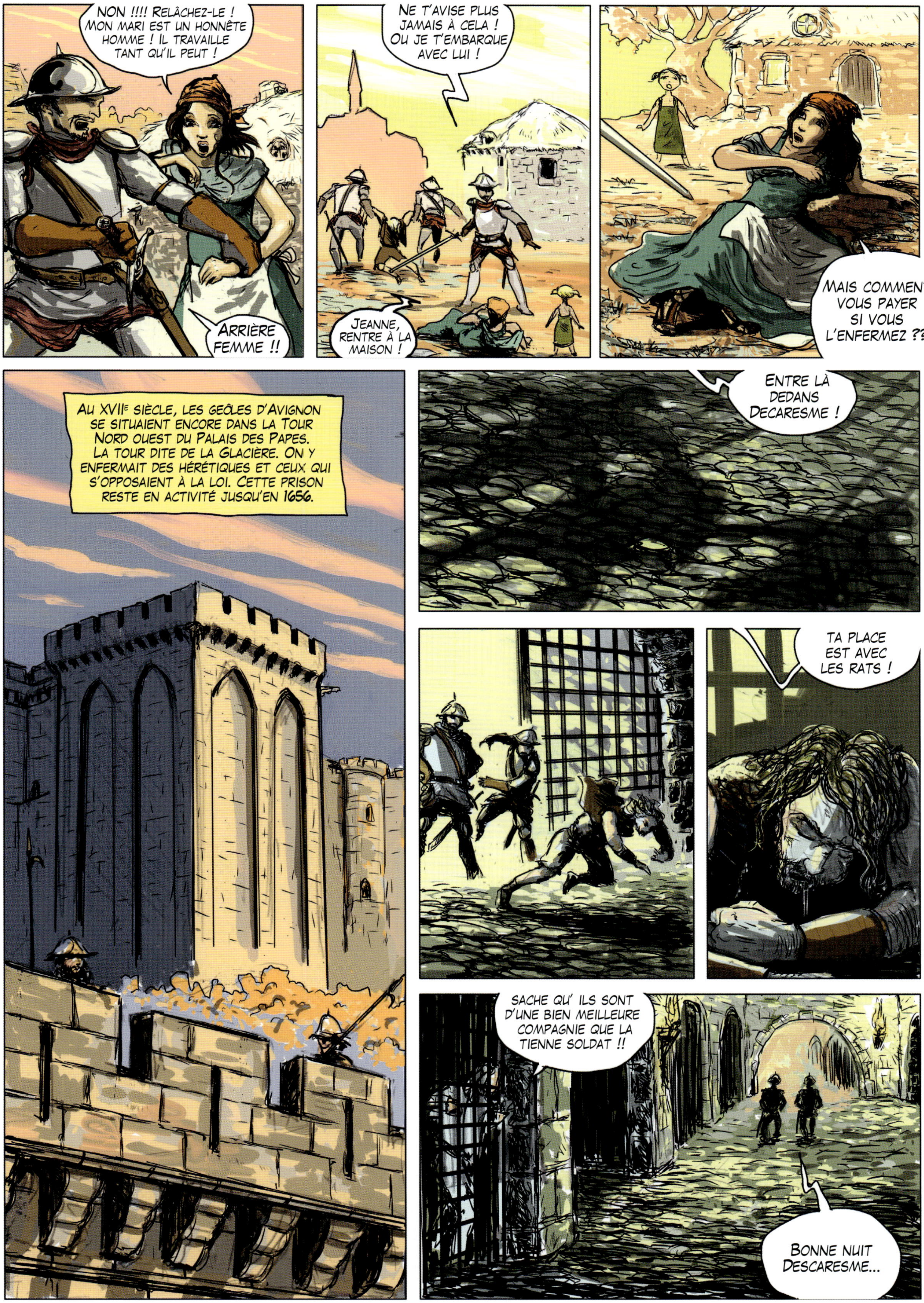
NON !!!! RELÂCHEZ-LE ! MON MARI EST UN HONNÊTE HOMME ! IL TRAVAILLE TANT QU'IL PEUT !
ARRIÈRE FEMME !!
NE T'AVISE PLUS JAMAIS À CELA ! OU JE T'EMBARQUE AVEC LUI !
JEANNE, RENTRE À LA MAISON !
MAIS COMMENT VOUS PAYER SI VOUS L'ENFERMEZ ??
AU XVIIE SIÈCLE, LES GEÔLES D'AVIGNON SE SITUAIENT ENCORE DANS LA TOUR NORD OUEST DU PALAIS DES PAPES. LA TOUR DITE DE LA GLACIÈRE. ON Y ENFERMAIT DES HÉRÉTIQUES ET CEUX QUI S'OPPOSAIENT À LA LOI. CETTE PRISON RESTE EN ACTIVITÉ JUSQU'EN 1656.
ENTRE LÀ DEDANS DECARESME !
TA PLACE EST AVEC LES RATS !
SACHE QU' ILS SONT D'UNE BIEN MEILLEURE COMPAGNIE QUE LA TIENNE SOLDAT !!
BONNE NUIT DESCARESME...

Jeanne erra plusieurs jours dans les rues d'Avignon en quête d'une aumône suffisante pour payer la dette de son mari. Mais à peine trouvait-elle de quoi nourrir ses enfants que plus rien ne lui restait.
Maman, j'ai faim... Quand est-ce qu'il rentre papa ?
Hein ? Quand est-ce qu'il rentre papa ?
Faite quelque chose mon Seigneur, je vous en pris, aidez-nous...
Lève-toi Margaux. Viens !
On dirait le frère Sylvestre...
Attendez ! S'il vous plait !!

Frère Sylvestre ! Il faut que vous m'aidiez !
Jeanne... Mais que se passe-t-il ?
Nous n'avons pas pu payer l'impôt... Adrien a été emmené par la garde à la prison du Palais. Je suis sans un sous. Mes enfants ont faim. Je ne sais plus quoi faire...
Mais vous mon frère ? que faites vous dehors et à une heure si tardive ?
J'appartiens dorénavant à la Congrégation Notre-Dame-de-Lorette... Mes frères et moi-même, nous nous rencontrons au sein de cette chapelle...
Pour ta situation, ne t'inquiète pas Jeanne, nous allons trouver une solution...
Venez en attendant. Entrez ... Nous allons vous donner à manger.
Merci Frère Sylvestre, que Dieu vous bénisse.
Frère Roland. Il va s'occuper de vous.
Par ici Madame, venez ...
Maman, j'ai faim.
Laissez-moi vous aider Madame...
Elle est en train de s'évanouir...

QUELQUES JOURS PLUS TARD...
SA FEMME ?
OUI, MON SEIGNEUR. HUIT ÉCUS... ELLE LES A DÉPOSÉS CE MATIN MÊME.
ELLE AFFIRME S'ÊTRE FAIT PRÊTER CETTE SOMME PAR LA CONGRÉGATION DES FRÈRES DE LORETTE, MON SEIGNEUR...
NOTRE DAME DE LORETTE... SI NOS PAUVRES POUVAIENT SE FAIRE PAYER LEURS IMPÔTS GRÂCE À L'ŒUVRE DE CES HOMMES CHARITABLES...
C'EST UNE OPÉRATION QUI POURRAIT NOUS CONVENIR...
... ET ENRICHIR VOTRE ROYAUME VOTRE SEIGNEURIE.
JE N'AI PAS BESOIN DE TOI POUR PENSER, SOLDAT !
TIENS ! LIBÈRE DONC CE FORGERON ET ARRANGE TOI POUR QUE CELA SE SACHE ! JE VEUX QUE TOUS LES PAUVRES D'AVIGNON AILLENT CHERCHER L'AUMÔNE AUPRÈS DE LA CONGRÉGATION NOTRE DAME DE LORETTE.
CE SERA FAIT MON SEIGNEUR.
BIEN ENTENDU, TU CONTINUES À LES METTRE AUX FERS, CELA LES MOTIVERA !
DEUX ANS PLUS TARD, LA CRÉATION D'UN MONT DE PIÉTÉ EN AVIGNON EST APPROUVÉE PAR LE PAPE PAUL V, LE 22 JUILLET 1612. DURANT PRÈS DE 400 ANS, PLUSIEURS DIZAINES DE MILLIERS D'AVIGNONNAIS Y TROUVÈRENT UNE SOLUTION À LEUR PRÉCARITÉ.
PAPA !!!

LE TAUX D'USURE D'AVIGNON ÉTAIT D'AILLEURS LE PLUS BAS DE FRANCE.
ET NON UN FLÉAU COMME LE DÉNONÇAIENT LES PAPES.
EN PARLANT DE PAPE SUIS-MOI ! IL NOUS RESTE UNE ÉTAPE INCONTOURNABLE À VISITER !
TU CONNAIS UN AUTRE BAR ?
TOI, JE SENS QUE TU NE VAS PAS TARDER À VENIR HABITER DANS LES CÔTES DU RHÔNE !
C'EST VRAI QUE LEURS VINS SONT EXCELLENTS...
LES PAPES ONT APPORTÉS ÉNORMÉMENT À AVIGNON...
AU-DELÀ DE LEUR FORTUNE, ILS INSTAURÈRENT DERRIÈRE LES REMPARTS UN UNIVERS DE PAIX.
ILS CONTRIBUÈRENT BEAUCOUP À L'AMÉNAGEMENT DE LA CITÉ FAVORISANT LE DÉVELOPPEMENT D'UNE CULTURE ARTISTIQUE ENCORE TRÈS PRÉSENTE AUJOURD'HUI !
POURQUOI NE SONT-ILS PAS RESTÉS EN AVIGNON ALORS ?
NOUS ALLONS VOIR CELA PLUS EN DÉTAILS.
DONNEZ NOUS MILLES COLOMBES ET DES MILLIERS D'HIRONDELLES LALALA....LALALALA...

LES PAPES FURENT ACCUEILLIS TELS DES SEIGNEURS PAR LE PEUPLE AVIGNONNAIS.
ILS PORTAIENT ALORS LES 3 EMBLÈMES DE L'AUTORITÉ ECCLÉSIASTIQUE.
LES 3 COURONNES QUI SYMBOLISENT LE TRIPLE POUVOIR : L'ORDRE SACRÉ...
... LES CLÉS DU POUVOIR JURIDIQUE...
... ET LE MAGISTÈRE, SYMBOLE DE LA VOIX INCONTESTABLE DE DIEU SUR TERRE.
BEAUCOUP RESTÈRENT ADMIRATIFS...
... ET COMBLÉS PAR L'HONNEUR D'HABITER LA VILLE CHOISIE PAR LE MAÎTRE DE LA CHRÉTIENTÉ.
ALORS QUE LES GUERRES ÉCLATENT UN PEU PARTOUT EN OCCIDENT...
... L'ARRIVÉE DES PAPES EN AVIGNON APAISA LES BLESSURES, AU MOINS POUR UN TEMPS.

LES PAPES "AVIGNONNAIS" FURENT :
CLÉMENT V DE 1305 À 1314, PREMIER PAPE D'AVIGNON, IL OBÉIRA À L'INFLUENCE DU ROI PHILIPPE LE BEL PENDANT TOUT SON PONTIFICAT.
À SON DÉCÈS, DEUX ANNÉES S'ÉCOULENT SANS PAPE. PHILIPPE V DE FRANCE FIT DONC ENFERMER LES CARDINAUX AFIN D'ÉLIRE LE SUCCESSEUR.
JEAN XXII DE 1316 À 1334, IL TRANSFORME LE PALAIS ÉPISCOPALE EN UN PALAIS PONTIFICAL SOMPTUEUX AFIN D'ABRITER LE GOUVERNEMENT DE L'ÉGLISE.
À L'ÉPOQUE, ON NE MANQUAIT PAS DE TRAVAIL !
BENOÎT XII DE 1334 À 1342, EN ACCENTUANT LES TAXES, IL ACCROÎT LES REVENUS DE L'ÉGLISE ET TRANSFORME LE PALAIS EN UNE DEMEURE LUXUEUSE MIEUX ADAPTÉE AUX BESOINS DU GOUVERNEMENT.
ET C'EST PIERRE POISSON LE MAÎTRE D'ŒUVRE !
CLÉMENT VI DE 1342 À 1352 AGRANDIT LE PALAIS PAR L'ADJONCTION DU PALAIS NEUF. PUIS ENTRE EN POSSESSION D'AVIGNON QU'IL ACHÈTE POUR 80000 FLORINS À LA REINE JEANNE DE NAPLES.
IL FIT D'AVIGNON UN FOYER CULTUREL RECONNU AU TRAVERS DE TOUTE L'EUROPE !
INNOCENT VI DE 1352 À 1362, AFFAIBLIT FORTEMENT LE TRÉSOR DES PAPES PAR DES GUERRES INFRUCTUEUSES ET DE NOUVEAUX TRAVAUX DANS LE PALAIS.
ON LUI DOIT TOUT DE MÊME LA CONSTRUCTION DES NOUVEAUX REMPARTS.
URBAIN V DE 1362 À 1370 : IL LIMITE LES EXCÈS DE LA CURIE ET TENTE DE RETOURNER À ROME. CONTRAINT DE REVENIR EN AVIGNON, IL FERA AMÉNAGER DES JARDINS DANS L'ENCEINTE DU PALAIS.

GRÉGOIRE XI DE 1370 À 1378 : IL NOMME SES CARDINAUX AU SEIN DES MEMBRES DE SA FAMILLE. SOUS LA PRESSION AVIGNONNAISE, IL RETOURNERA À ROME.
UN JOUR UN PAPE, LE LENDEMAIN PLUS DE PAPE !
ET C'EST LE DÉBUT DU GRAND SCHISME !
LE QUOI ?
LE QUOI ??
LE SHISME... C'EST CETTE PÉRIODE OÙ LA FRANCE ET LE SAINT-SIÈGE SE DISPUTENT L'ÉLECTION DU PAPE. IL Y AURA DONC DEUX PAPES CETTE ANNÉE-LÀ, L'UN À ROME, L'AUTRE EN AVIGNON.
COMMENT ÇA DEUX PAPES ? ET LE VRAI, IL EST OÙ ?
JE CROIS QU'IL A DIT À ROME....
CLÉMENT VII DE 1378 À 1394, ÉLU PAR LES CARDINAUX DISSIDENTS REVIENT EN AVIGNON ET RENOUE AVEC LE FASTE. IL FONDE LE COUVENT DES CÉLESTINS. CES OPPOSANTS LE QUALIFIENT D'ANTI-PAPE.
MAIS COMMENT ÇA UN ANTI-PAPE ???
EN 1394, BENOÎT XIII PREND LES RENNES D'UNE ÉGLISE DÉCHIRÉE. IL SUBIT PENDANT 5 ANS DEUX SIÈGES VOTÉS PAR LES SEIGNEURS DE FRANCE, QUI POUR FAIRE REVENIR LA PAIX SUR LE TERRITOIRE, CHERCHENT À LE DÉLOGER DU PALAIS.

MOI JE DIS QU'IL NE SORTIRA JAMAIS !
IL FAUDRAIT ALLER LE DÉBUSQUER !
NE T'INQUIÈTE PAS, RAYMOND DE TURENNE VA TROUVER UNE SOLUTION !

ON NE L'APPELLE PAS LE FLÉAU DE PROVENCE POUR RIEN !
JUSTEMENT, J'AI ENTENDU DIRE QU'IL CHERCHAIT DES VOLONTAIRES.

AU BOULOT ! BANDE DE TIRE-AU-FLANC !

RAYMOND DE TURENNE ET LES SIENS PASSENT PAR LES SORGUES, DE PETITS CANAUX AFFLUENTS DU RHÔNE, QUI SERPENTAIENT DANS LES TERRES MARÉCAGEUSES AUTOUR D'AVIGNON ET PASSAIENT SOUS LA VILLE, DONNANT À LA CIVILISATION ROMAINE PRÉSENTE AU DÉBUT DU MILLÉNAIRE, L'IDÉE D'EN FAIRE DES ÉGOUTS NATURELS....
VOUS ALLEZ VOUS TAIRE, BON DIEU ?!!
MAIS C'EST GUILLAUME QUI ME LABOURE LE DOS AVEC SON...
SHHHT !!!! ON VA SE FAIRE REPÉRER !
QUELLE IDÉE AUSSI DE VOULOIR PRENDRE UNE ÉCHELLE !
LA FERME !! ON ARRIVE...
PASSE-MOI LA TORCHE.
BON.... C'EST PAR LÀ....
C'EST LÀ ! LA SORTIE DES ÉGOUTS...
JE CROIS QUE VAIS VOMIR....
MOI AUSSI...
BANDE DE FILLETTES !
JE SUIS SÛR QUE ÇA GLISSE, EN PLUS...
ARRÊTE DE DISCUTER ! PASSE-MOI LE GRAPPIN !
JE PEUX PAS, JE TE TIENS !!
GUILLAUME ?

RAYMOND, RASSURE MOI JE COMMENCE À DOUTER.... T'ES SÛR QU'ILS VONT S'EN SORTIR TES AVIGNONNAIS ?
CERTAIN !
TU ES SÛR QUE L'ON NE PEUT PAS ÊTRE VU DEPUIS LES REMPARTS ?
NE VOUS INQUIÉTEZ PAS, CELA FAIT BIEN LONGTEMPS QUE LA GARDE NE FAIT PLUS DE RONDES.
LÀ-BAS, REGARDEZ ! LE SIGNAL !!
ALLEZ... ON EMBARQUE.
TU EN PENSES QUOI DE LA DERNIÈRE CUVÉE DU PAPE ?
ON A QU'À LA GOÛTER. J'AI LES CLÉS DE LA CAVE....
ATTENDS RAYMOND ! COMMENT ON FAIT APRÈS ?
LES AVIGNONNAIS SONT DEVANT... IL VONT OUVRIR LES PORTES !
OUF ! ELLE EST À LA BONNE TAILLE CETTE ÉCHELLE, TU VOIS !
CHUT ! ON VA SE FAIRE REPÉRER, JE VOUS DIS !
?!

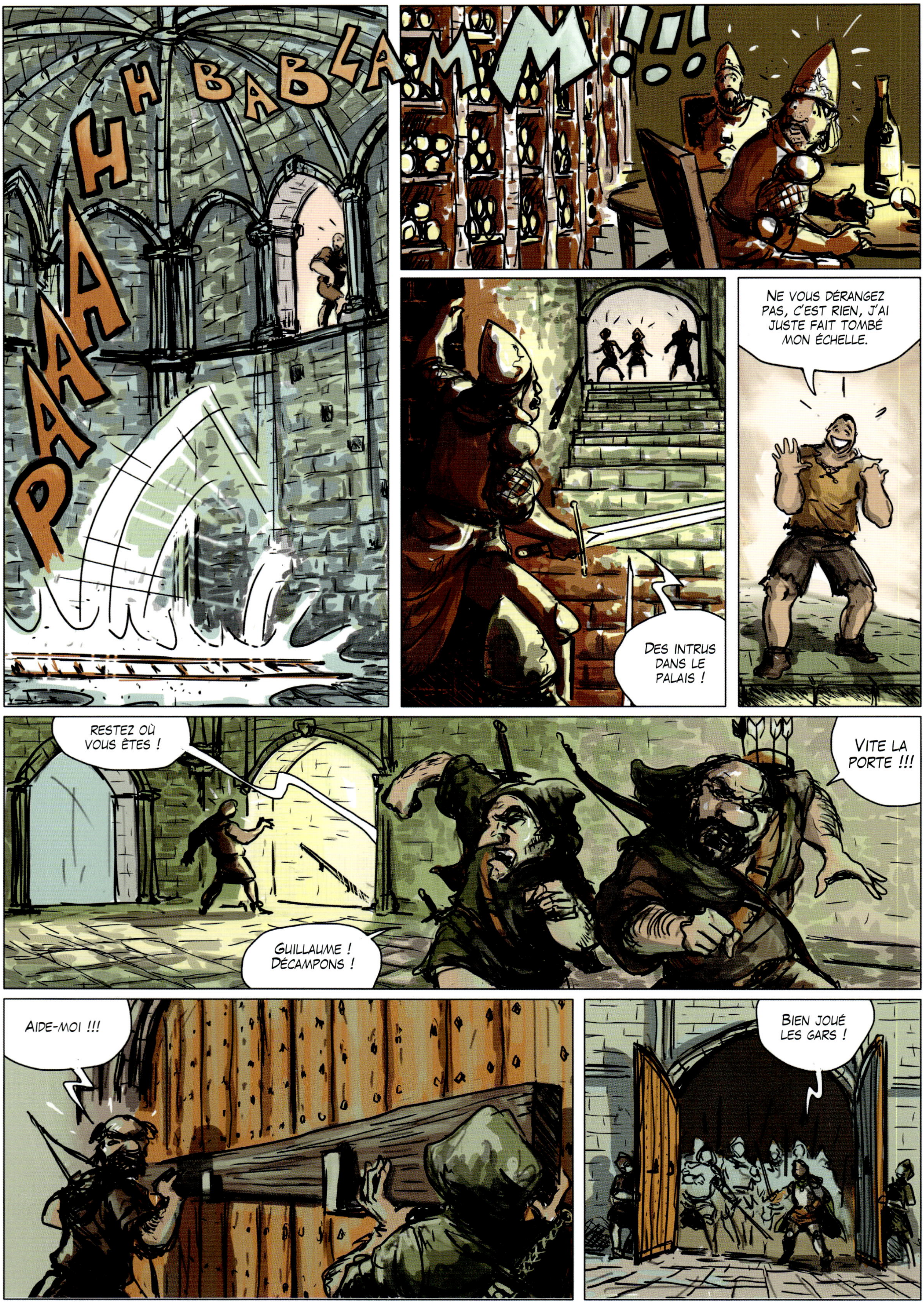
PAAAHHBABLAMM !!!
NE VOUS DÉRANGEZ PAS, C'EST RIEN, J'AI JUSTE FAIT TOMBÉ MON ÉCHELLE.
DES INTRUS DANS LE PALAIS !
RESTEZ OÙ VOUS ÊTES !
VITE LA PORTE !!!
GUILLAUME ! DÉCAMPONS !
AIDE-MOI !!!
BIEN JOUÉ LES GARS !

CHARGEZ !!!
C'EST LA NOUVELLE GARNISON ?
DONNEZ-NOUS LE FAUX PAPE !
CALMEZ-VOUS !! IL EST LÀ BAS...
?!
VENEZ VOTRE SAINTETÉ !
DIS DONC, C'EST GRAND ICI !
C'EST LE PLUS GRAND PALAIS GOTHIQUE DU MONDE.
HA OUI, JE ME DISAIS AUSSI...
COURREZ !
PAR LÀ !!
ET NE VOUS RETOURNEZ PAS !

CALME-TOI RAYMOND... ON NE DOIT PAS LE TUER !
NON... JE VEUX JUSTE LUI FAIRE PEUR !
LE FLÉAU DE PROVENCE !!!!
OÙ SE CACHE CE FAUX PAPE ?
PARLE OU JE T'OCCIS !
BENOIT XIII !!! JE VAIS T'ATTRAPPER ET TE FAIRE ROTIR !!
IL EST LÀ, JE LE VOIS !!
RENDS-TOI !
PLAF!
HAAAAA

LE 11 MARS 1403, AVIGNON ÉLOIGNE DE SES TERRES LE CONFLIT ENTRE LE POUVOIR ECCLÉSIASTIQUE ET LE POUVOIR ROYAL.
DU MOINS POUR UN TEMPS...
ÉVADÉ PAR LES ÉGOUTS ET NON PAR UN SOUTERRAIN SECRET COMME LE PRÉSENTAIT LA LÉGENDE...
... BENOÎT XIII PART SE RÉFUGIER À CHÂTEAURENARD CHEZ LE COMTE DE PROVENCE, LOUIS II D'ANJOU.
LE PAPE NE REVIENDRA PLUS JAMAIS EN AVIGNON... SEULEMENT DES LÉGATS ET DES ARCHEVÊQUES. AVIGNON RESTE EN TERRE D'ÉGLISE JUSQU'À LA RÉVOLUTION FRANÇAISE.
TU SAVAIS QUE DANS LA TRADITION CHRÉTIENNE, L'OLIVIER EST SYMBOLE DE PAIX ET D'AMOUR ?
OUI, JE SAVAIS ! EN REVANCHE, C'EST ÉTRANGE QU'EN 900 ANS D'HISTOIRE, SEUL UN PAPE L'AIT UTILISÉ POUR SES ARMOIRIES...

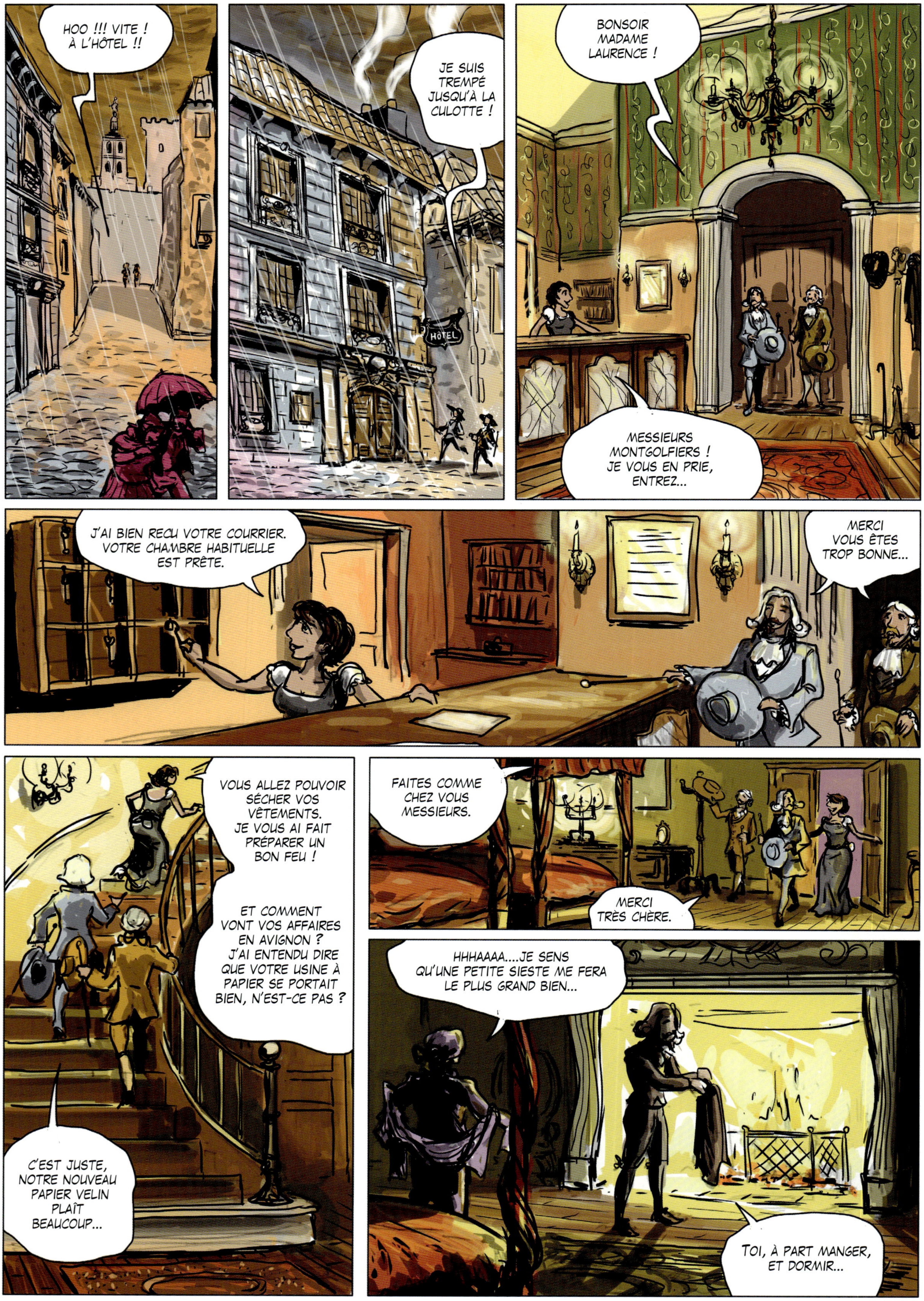
HOO !!! VITE ! À L'HÔTEL !!
JE SUIS TREMPÉ JUSQU'À LA CULOTTE !
HÔTEL
BONSOIR MADAME LAURENCE !
MESSIEURS MONTGOLFIERS ! JE VOUS EN PRIE, ENTREZ...
J'AI BIEN REÇU VOTRE COURRIER. VOTRE CHAMBRE HABITUELLE EST PRÊTE.
MERCI VOUS ÊTES TROP BONNE...
VOUS ALLEZ POUVOIR SÉCHER VOS VÊTEMENTS. JE VOUS AI FAIT PRÉPARER UN BON FEU !
ET COMMENT VONT VOS AFFAIRES EN AVIGNON ? J'AI ENTENDU DIRE QUE VOTRE USINE À PAPIER SE PORTAIT BIEN, N'EST-CE PAS ?
C'EST JUSTE, NOTRE NOUVEAU PAPIER VELIN PLAÎT BEAUCOUP...
FAITES COMME CHEZ VOUS MESSIEURS.
MERCI TRÈS CHÈRE.
HHHAAAA....JE SENS QU'UNE PETITE SIESTE ME FERA LE PLUS GRAND BIEN...
TOI, À PART MANGER, ET DORMIR...

LE 24 FÉVRIER 1784,
DANS UNE CHAMBRE D'HÔTEL
DU 18 RUE SAINT-ÉTIENNE EN AVIGNON,
UN ÉVÉNEMENT ALLAIT CHANGER
L'AVENIR DE LA SCIENCE...
ZZZ...
RRRR

MALÉDICTION ??!!
JOSEPH !
JOSEPH !!!!
INCROYABLE !
JOSEPH, RÉVEILLE-TOI BON SANG !!
QUOI ?! QUOI ??! QUE SE PASSE-T-IL ?
TA CHEMISE VIENT DE S'ENVOLER DANS LA CHEMINÉE ! JE N'AI RIEN PU FAIRE JE SUIS DÉSOLÉ...
QU'EST-CE QUE TU RACONTES ? COMMENT CELA, ENVOLÉE ??

ET POURQUOI MA CHEMISE ET NON LA TIENNE ?
C'EST AUSSI CE QUE JE ME DEMANDE...
CELA VIENT PEUT-ÊTRE DU FAIT QUE TU NE DÉBOUTONNES JAMAIS TES CHEMISES AVANT DE LES ENLEVER.
HO S'IL TE PLAIT ! ON NE VA PAS REMETTRE CELA...
MAIS NON, JE VEUX JUSTE DIRE QUE LA PRINCIPALE DIFFÉRENCE ENTRE TA CHEMISE ET LA MIENNE EST QUE LA TIENNE ÉTAIT BOUTONNÉE !
OUI ET ALORS ? OÙ VEUX TU EN VENIR ??
EH BIEN JE PENSE QUE C'EST LA CHALEUR DU FEU QUI A ENTRAINÉ TON LINGE DANS LE CONDUIT DE LA CHEMINÉE.
ATTENDS UN PEU... TU PENSES QUE L'AIR CHAUD DÉGAGÉ PAR LES FLAMMES S'EST RETROUVÉ EMPRISONNÉ DANS MA CHEMISE ET L'AURAIT SOULEVÉE PUIS ENTRAINÉE DANS LES AIRS ??
PARFAITEMENT !
CE QUI POTENTIELLEMENT VEUT DIRE QUE TU NE REVERRAS JAMAIS MA CHEMISE...
QUEL MALHEUR... DE LA PURE SOIE CONDITIONNÉE ET TAILLÉE ICI MÊME... EN AVIGNON. UN PRODUIT LOCAL DE HAUTE QUALITÉ !
IL FAUT APPLIQUER CETTE EXPÉRIENCE À UN TISSU PLUS GRAND.
toile
Source de chaleur
Nacelle
JE SUIS SÛR QUE CELA PEUT MARCHER !

QUELQUES ANNÉS PLUS TARD...
...APRÈS MAINTES EXPÉRIENCES....
... LES FRÈRES MONTGOLFIERS REVIENNENT À AVIGNON FAIRE LA DÉMONSTRATION DE LEUR TOUTE DERNIÈRE INVENTION : LA MONTGOLFIÈRE ! CE DÉCOLLAGE INÉDIT EUT LIEU DEPUIS LA COUR DE L'HÔTEL VILLEUNEUVE MARTIGNAN (ACTUEL MUSÉE CALVET À AVIGNON).
AU REVOIR AVIGNON !
MERCI À TOUS !!

FIN

Remerciements :

Communauté d'Agglomération du Grand Avignon et le Conseil Départemental du Vaucluse, VIE Rodolphe, LOBERA Emeric Refd, VIAL Fred, PASCAL Guillaume, CHOUX Adrien, PAGENAUD PHILIPPE, CHEVASSU Jean Sébastien, PECHEUX Laura, ALLAIN Laurence, **RAGONNET Benjamin**, MORIN Gwendal, VINCENT Blandine, MINERY Laurent, RAGONNET Fabienne & Yves, MAIRE Henri, ROBETTE Sophie, GAUTIER Bertrand, LECOCQ Christine, LECOCQ Thibault, BLANES Patrick, EMPRIN Christophe, BAILLON Olivier, BERTRAND Florianne, HENNI Laurent, PEYRET Sophie, MORLONG Sylvie, NOUGIER Laure, **FIJALOWICZ Loëtitia**, SAGNET David, FUSCO Richard, Lettres Vives Librairie, CHEVALLIER Pascal, MARTINEZ Julia, GILLET Manon, BARBIER Pierre-Yves, FRANCOIS Nicolas, GAMONET Jérôme, LEGENDRE Valérie, GILLET Sylvain, FERNANDEZ Virginie, DAUBECHIES Eric, BORRAS Pauline, CHRISTEN François-Xavier, BILLARD Christian, FDC Franca, STEPHANE Philippe, LECOCQ Patrick, RAGONNET Benoit, GNON Zavi, GASTOU Christian, SERRA Jésus, MOONEY Philippe, RAGUENEAU Thierry, TOULY Lucile, JOUSSEN Jérome, NANTOIS Brice, TERRISSE Michel, LO Manivane, SYPOWSKI Rémi, AROME Delphine, GALBOURDIN Cécile, **SEGABIOT VIATOR Annick**, DESCHAMPS Mickaël, HILHORST Wilhelmus, AIME Gregory, MICOLON De GUERINES Isaure, FIJALOWICZ Guy, SUARD Josiane, MINERY Evelyne, BORDY MERCIER Laurence, LE CREFF Guy, LIENARD MERCY Etiennette, ROSSI Jean, PINA Jessy, DI PASQUALE Sébastien, DUBOST Alexia, DUBOST Geneviève, CHASTAGNER Cindy, MARTIN Pierre Hubert, DEJARDIN Sébastien, GEYER André, HAYET Joël, BELMAS Guillaume, CLEMENT Sophie, MARTINEZ Lise, PICAT Rachel, PEUDOUX Julien, DE PRECIGOUT Mélanie, COINTIN Armand, DANIEL Marie Bernard, **ROSSI Marie Pierre**, GILLET Jocelyn, ESTIENNE Vincent, ROBBE Joëlle, SERVIUS Alexandre, LEBIS Anthony, GRENARD Benjamin, ARAGEL Jules, LECERCLE Guillaume, ELOISE Dominique, LOPEZ Fabien, TRAORE Maladon, NEMETH François, DE TUGNY Florence, ESPOSITO Marc, PHILIPPE Flo, TOUSSAINT Jacques, CHATRIOT Corinne, DRECOURT Marie Cécile, GAUTHIER Aurélie, SAGNET Marie Claire, CHATEAUNEUF MALTESE Marie Françoise, BONIFAY Jean-Pierre, BAL Béatrice, REYNIER Gilles, DAVID Sabine, ORLANDI Jérôme, BRUNET DEBAINES Marie-Thérèse, MARRET Cathy, BIDON Thomas, ROSSI Annie, BUSSAT Cécile, ADJEMIAN Nicolas, BECQUART Bruno, DEGREMONT Jérôme, FIJALOWICZ Laura, LAGANDOGNE Marie-Claire, LANQUETIN Gilles, MENESTROT Frédéric, ROSSI Sandrine, PERRIER Cathy, LIEUTAUD Christophe, BAUDRY BEGUEPLA Pascale, SMYCZYNSKI François, CHOULEUR AudeJ, PUCEL Jonathan, DUGOURD Marie-Edmée, DARMET Karol, AYME Anne-Marie, FLEURY Axelle, SYA Saint Martinée, JAUBERT FLEURY Adrien, DRECOURT Lucie, DUPUCH Cécile, BROCHIN Jean-Michel, ANDRIA Elodie, GUBIAN Nadine, S Virginie, HOLTZER Julien, IMBERT Geoffrey, BESSE Chantal, KOHLER Aline, RUSCONI Sébastien, DERREUMAUX Claire, BARRIOL Guillaume, ASTIER Léa, ALEX Nathalie, SALVINI Cyril, DE CABISSOLLE Marie, GINESTE Isabelle, DE QUEIROZ Pierre, TARDY Lionel, STEHELIN Caroline, ROUIBIA Karim, CUVILLIER Véronique, HERR Eric, ALLIES Olivier, ENOIU Vanda, ZIMMERMANN Théo, VERNIER Damien, ANTONI Catherine, **SALAUN Tristan**, HERAL Sabine, PURNODE Anne-Elodie, POIROT Remi, HESSE Alexandre, VALERY Nathalie, DE SAINT CHAMAS Loys, NEVEU Ludivine, DM Giusy, JULIE Gonzalez, BROCHIN Elliott, THOMAS Loïc, LEPARQUIER Séverine, BROSSARD Marie, ALARIO Antoine, MOREL Constance, ANTHONY Raphaëlle, LAFFAIRE Etienne, ANDRAUD Sylvie, FERRANDEZ Eric, ABDOU RABBIH Rachida, JOUVE Nicolas, COUTELLE Jérôme, RUFFIER Laetitia, MENNESSON Valérie, RABUEL Jean, VITALIS Ariane, BROCHIN Jacques, NOGARET Claire, BROCHIN Marité, GONZALEZ Didier, SICARD Dominique, CIMINO Laurent, ERKENS Cyril, BOURGOIN Julien, TOULY Marianne, PEREZ Peggy, MESSIN Bruno, GARCIA LEAL Marilyn, CHOUX Arthur, KOEPPLER Laura, BOLON Christine & Axel, CASSIA Marianne, SCHNEIDER Franck, BONNEFOI Marion, BAUDRAND Helene, LINHARES Andréa, GAUSSEN Christian, LERMA José, LECOCQ Damien, LEGOUET Aurélie, DENVER Laetitia, CAROT Nathalie, THOMAS Christine, VILLEGA Adrien, SCHINDLER Cyril, DLM Guillaume, PECH Morghan, CAPDEPON Anne, LAMBERT Corinne, GONZAGUE Ismène, GALLIEN Céline, FABRE Romain, HAMOU Jessica, CHANUDET Sandrine, DECOSTER Alice, BAUME Andrée, NOLSON Frederic, BARBIN Antoine, JORDA Aurore, BACIUSKA Elisabeth, CONCEICAO Nicolas, BAUDRAND Annie, CZ Hélène, POUET Marinette, DELOYE Sylvie, ALEXIS Sabrina, NOUGUIER Karen, LICHERON Jacqueline, LE MAGUERESSE Maxime, BROCHIN Isalia, BERRAH Fatima, STOREI Huguette, TAFFOREAU Françoise, RUFFIER Laetitia, MENNESSON Valérie, VALEZY Anne-Sophie, PAUL Camille, GENIN Georgette et FESTE Andrée.